LE

FONDATEUR DU POSITIVISME

Auguste Comte et son Œuvre

PAR

Emile CORRA

PRIX : **2 fr.**

PARIS

REVUE POSITIVISTE INTERNATIONALE

54, rue de Seine, 54 (VIᵉ)

1923

RIOM (PUY-DE-DÔME)

IMPRIMERIE TYPOGRAPHIQUE F. FONFRAID

G. MAILLARD, SUCC[r]

LE FONDATEUR DU POSITIVISME

Auguste Comte et son Œuvre

PAR

Emile CORRA

PRIX : 2 fr.

PARIS
REVUE POSITIVISTE INTERNATIONALE
54, rue de Seine, 54 (vi⁰)

1923

LE

Le Fondateur du Positivisme

Auguste Comte et son Œuvre (1)

Avant-Propos

Le Positivisme est la conception générale, scientifique ou démontrable, que l'esprit humain peut et doit désormais se faire du monde, de la vie, de l'homme et de la société.

Une pareille conception n'est pas l'œuvre d'un unique penseur ; elle est le résultat de l'évolution millénaire, mentale, morale et sociale, de toute l'Humanité ; elle embrasse l'universalité des connaissances et l'universalité de l'histoire, afin de déterminer le but vers lequel se dirige notre espèce et les moyens les plus rapides d'atteindre ce but.

C'est donc une œuvre éminemment collective ; le passé tout entier a concouru à son avènement ; le présent la continue ; l'avenir la perfectionnera ; elle ne sera jamais terminée.

(1) Conférence inaugurale d'une série consacrée à l'exposition générale de l'ensemble du positivisme.

Néanmoins la coordination, la synthèse, la philosophie des innombrables faits et travaux sur lesquels le
Positivisme s'appuie, n'ont pu être réalisées que par
une de ces têtes exceptionnellement puissantes, par un
de ces génies rarissimes dont, antérieurement au xix⁰
siècle, l'Humanité n'a connu que deux exemples, Aristote et Descartes.

Le grand homme auquel le Positivisme doit son
édification définitive et son nom de baptème est Auguste Comte, dont je vais brièvement, dans cette conférence, retracer la vie et résumer l'œuvre.

I

Abrégé de la vie d'Auguste Comte

Auguste Comte a vu le jour, en France, à Montpellier, département de l'Hérault, le 19 Janvier 1798,
dans une honorable et modeste famille bourgeoise.

Il était le premier né d'un chef des bureaux de la
trésorerie générale de son département d'origine et
d'une femme, douée d'une grande sensibilité, dont la
tendresse maternelle lui inspira toujours la plus grande
piété. Tous deux étaient catholiques et royalistes.

On ne trouve, dans les antécédents héréditaires, immédiats ou éloignés, d'Auguste Comte, aucune expli-
cation plausible de son extraordinaire capacité mentale.

Cependant, élève interne, dès l'âge de neuf ans, du
lycée de Montpellier, il s'y distingua par son intelligence précoce, son ardeur à l'étude, une mémoire
prodigieuse, et un caractère très indépendant, grâce
auquel, à 14 ans, il épousa des opinions tout autres
que celles de sa famille, cessa de croire en Dieu et
devint républicain.

A 15 ans, il obtint le prix d'éloquence française et brillait dans les sciences. Alors, son instruction mathé mathique était si parfaite qu'il pouvait suppléer son professeur et qu'il était admis à l'école polytechnique avant l'âge minimum requis.

Il poursuivit sa cultur scientifique à cette école, à partir du mois de novembre 1814 ; il s'y imprégna de l'esprit de la Révolution française et, au dire de Bertrand, ancien secrétaire perpétuel de l'académie des sciences, il était considéré, par ses camarades et ses maîtres, comme la plus forte tête de sa promotion. En revanche, il était mal noté par le service disciplinaire et, en Avril 1816, il fit licencier l'école, en prenant l'initiative d'une protestation véhémente contre les inconvenances d'un répétiteur.

Maître de lui, Auguste Comte compléta son instruc tion scientifique en étudiant la biologie et l'histoire, suivant la méthode des sciences inorganiques qui lui étaient devenues familières.

Dans ce but, il entreprit d'immenses lectures et suivit d'abord les cours de la Faculté de médecine de Montpellier, où il était revenu dans sa famille. Mais il était mal à l'aise dans le milieu provincial et, ne se laissant intimider par aucun obstacle, il ne tarda pas à rentrer à Paris, où le reste de ses jours s'écoula et où, sans fortune, absorbé par ses études, ses méditations sans repos, et l'exécution de ses œuvres, il vécut toujours dans des conditions plus ou moins précaires.

Auguste Comte se procura primitivement des ressources en exerçant le dur métier de « professeur ambulant » de mathématiques. Puis il accepta le poste de secrétaire d'un publiciste alors célèbre, Henri de Saint-Simon.

Ces relations d'Auguste Comte et de Saint-Simon

durèrent, avec une inégale cordialité, de 1818 à 1824 ; elles ont fait éclore une littérature abondante et maligne, tendant à représenter Auguste Comte comme un disciple ingrat, voire un plagiaire, de Saint-Simon.

La comparaison des méthodes et des œuvres si différentes de ces deux hommes, celle de l'influence qu'elles ont exercée sur la postérité suffisent à ruiner cette accusation. En réalité, Saint-Simon ne rendit à Auguste Comte — comme celui-ci l'a reconnu d'ailleurs — d'autre service réel que de l'exciter à l'étude des phénomènes économiques, historiques, politiques et sociaux, et de lui révéler à lui-même sa capacité philosophique.

Quoi qu'il en soit, c'est au cours de cette collaboration avec Saint-Simon que le génie d'Auguste Comte jeta ses premiers éclairs. Il fut principalement excité par la lecture attentive et la méditation prolongée du travail de Condorcet sur l'histoire des progrès de l'esprit humain. Convaincu, comme les Encyclopédistes du xviii⁰ siècle, qu'il fallait *réorganiser la société sans Dieu ni roi*, Auguste Comte conçut alors le projet de régénérer les idées et les mœurs, d'après la philosophie de l'histoire et, dès sa vingtième année, il voua son existence à cette œuvre.

Cette maturité d'idées et cette résolution sont attestées par toutes les publications de sa jeunesse. Mais Auguste Comte n'a conservé, comme preuves formelles, qu'un petit nombre d'ouvrages précis qu'il a réédités lui-même, vers la fin de sa carrière, sous le titre : *Appendice général du Système de Politique positive contenant tous les opuscules primitifs de l'auteur sur la philosophie sociale.* (1)

Les titres de ces opuscules sont très significatifs ;

_____

(1) Système de Politique positive. IV.

ils fournissent l'indice de la hauteur de vues à laquelle ce philosophe s'éleva, dès son début. Les voici, dans leur ordre chronologique :

(Janvier 1819) — *Séparation générale entre les opinions et les désirs.*

(Avril 1820) — *Sommaire appréciation de l'ensemble du passé moderne.*

(Mai 1822) — *Plan des travaux scientifiques nécessaires pour réorganiser la société.*

(Novembre 1825) — *Considérations philosophiques sur les sciences et les savants.*

(Mars 1826) — *Considération sur le pouvoir spirituel.*

C'est dans le troisième de ces livres que se trouve exposée la grande découverte d'Auguste Comte, la loi des trois états, qui donne la clef de toute la philosophie de l'histoire, régit toute l'évolution humaine et qui servit de fil conducteur à son auteur pour tous ses travaux.

Mais l'étude des autres opuscules primitifs d'Auguste Comte est également importante ; elle dévoile la genèse de ses pensées fondamentales, la précocité de son génie, l'unité de sa carrière philosophique. Ces opuscules constituent vraiment le prospectus de toute son œuvre.

En 1826, l'architecture de ce monument était arrêtée. (1) Peu de temps après la publication de ses *Considérations sur le pouvoir spirituel*, Comte en commença l'édification, en divulguant le plan de son *Cours de philosophie positive* et en inaugurant les 50 leçons orales qu'il comportait, en avril de la même année.

Cette inauguration eût lieu à son domicile, devant un auditoire d'élite, au premier rang duquel figuraient les plus éminents savants de l'époque, entre

____

(1) On en trouve la preuve irrécusable dans une lettre du 27 février 1826, à de Blainville, reproduite *in Lettres d'Auguste Comte à divers, publiées par ses exécuteurs testamentaires* ; Tome II.

autres : Alexandre de Humboldt, de Blainville et Poin-
sot. Mais, à peine commencée, la série des leçons, fut
interrompue par un accident tragique qui aurait pu
causer une catastrophe et sur lequel les adversaires
d'Auguste Comte ont naturellement insisté et s'obsti-
nent à insister avec une complaisance et une perfidie
impitoyables.

L'année précédente (19 février 1825), Auguste Comte
avait commis ce qu'il a nommé « la seule faute grave
de toute sa vie ». Animé par une passion tyrannique et
par une générosité juvénile, il avait épousé légitimement une femme galante, avec l'espoir de la réhabi-
liter. Ce fut, dit-il, un mariage sans amour. « Ne me
jugeant ni beau, ni même agréable, et pourtant tour-
menté d'un vif besoin d'affection, je choisis une épouse
qui dût m'aimer par une intime reconnaissance, fondée
sur ce mariage exceptionnel, quoique nous fussions
également pauvres ». (1).

Cet espoir fut malheureusement déçu.

Les chagrins, que l'infidélité de sa femme lui cau-
saient, combinés avec le travail excessif auquel il se
livrait pour les oublier et pour préparer son *Cours de
philosophie positive* (2). provoquèrent, chez Auguste Comte,
un accès de délire aigu, dans lequel sa raison faillit
sombrer.

Mais, après quelques mois d'isolement, les bons soins
de sa mère et de sa femme, qui racheta ainsi ses fautes
passées, lui rendirent complètement la santé cérébrale.
Ce douloureux épisode lui inspira même un nouvel et
dernier opuscule philosophique (août 1828), consacré

---

(1) Lettre à Littré du 29 avril 1851, *in notice sur l'œuvre et la vie
d'Auguste Comte*, par le Dr Robinet, 3e édition ; p. 386.

(2) *Les Considérations sur le pouvoir spirituel* sont le fruit d'un travail
continu de quatre-vingts heures. (Lettre à de Blainville, *supra*).

à l'*Examen du traité de Broussais sur l'Irritation et la Folie*, et, en 1829, rentré en possession de la plénitude de son génie, il reprit, pour ne plus l'interrompre, l'exposition de son *Cours de philosophie positive*.

Le même auditoire d'élite qu'en 1826 le suivit, augmenté des professeurs de médecine, Broussais, Esquirol, Binet, et d'autres savants moins illustres.

Auguste Comte consacra soixante séances à cette exposition de la philosophie positive, et, dès le second semestre de 1829, il en commença la rédaction et la publication.

Par suite de difficultés matérielles et domestiques, celle-ci se poursuivit pendant treize années consécutives ; elle ne fut achevée qu'en 1842.

Cette philosophie encyclopédique se compose de six volumes compacts, de 5 à 700 pages chacun environ ; elle s'ouvre par deux leçons magistrales, consacrées, la première, à l'exposé de considérations générales sur la nature et l'importance de la philosophie positive, la seconde, à des considérations générales sur la hiérarchie des sciences positives.

Ces leçons initient immédiatement le lecteur à la philosophie de l'histoire des sciences et leur valeur y est appréciée au point qu'elles figurent, en France, sur la liste des chefs-d'œuvre philosophiques que les candidats au baccalauréat doivent étudier et connaître.

Le reste du premier volume a la philosophie mathématique pour objet.

Le second volume expose la philosophie astronomique et la philosophie physique ; le troisième, la philosophie chimique et la philosophie biologique.

Enfin, dans le quatrième volume, Auguste Comte aborde la philosophie sociale ; il constitue définitivement la science nouvelle, objet constant de ses méditations depuis sa sortie de l'école polytechnique, en 1816. Il donna d'abord à cette science, qu'il baptisa postérieurement du nom de *Sociologie*, maintenant universellement répandu, celui de *Physique sociale*, et consacre le quatrième volume de son *Cours de Philosophie positive* à démontrer : la nécessité et l'opportunité de la science sociale ; l'insuffisance des tentatives antérieurement faites pour la fonder ; la nécessité d'appliquer la méthode positive à l'étude rationnelle des phénomènes sociaux ; les relations de la science sociale avec les autres branches de la philosophie positive ; sa décomposition naturelle en statique sociale, ou théorie générale de l'ordre spontané des sociétés humaines, et en dynamique sociale ou théorie générale du progrès de l'Humanité.

Le cinquième volume contient la partie historique de la philosophie sociale, relative à l'état théologique et à l'état métaphysique, et le sixième, la partie relative à l'état positif spontané et systématique.

L'ouvrage est couronné par l'appréciation générale de la méthode positive, de l'ensemble des résultats, propres à l'action préliminaire de la doctrine positive, et par celle de l'avenir qui lui est réservé.

Pendant qu'il accomplissait cet énorme labeur, Auguste Comte ne consacrait pas moins de six à huit heures par jour à l'enseignement privé des mathématiques, qu'il put heureusement remplacer, en 1832, par l'enseignement collectif, en qualité de répétiteur d'analyse transcendante et de mécanique rationnelle à l'école polytechnique et par les fonctions d'examinateur des candidats à cette école. Il écrivait, pour ses élèves, un traité didactique de Géométrie analytique.

De plus, plein d'enthousiasme, comme tous ses contemporains, pour l'enseignement populaire, il professait gratuitement, et régulièrement, chaque année, depuis 1830, un cours d'astronomie populaire en 23 leçons hebdomadaires (1) ; il rédigea et publia ce cours en 1844, en le faisant précéder d'un *Discours préliminaire sur l'esprit positif* (2), dans lequel il fait ressortir, avec une lumineuse clarté, l'importance philosophique, non seulement des études astronomiques, source initiale de toutes les grandes révolutions que l'entendement a subies, mais. de toutes les études positives, pour la constitution d'un nouvel esprit philosophique. Ce discours, rénovation du *Discours sur la Méthode* de Descartes, n'a nullement vieilli ; il est adopté, comme livre classique, par l'enseignement universitaire français, au même titre que le Discours de Descartes, *l'Introduction à la médecine expérimentale* de Claude Bernard et les deux premières leçons du *Cours de philosophie positive*, accompagnées des IIIe et x^e leçons du même cours relatives à la philosophie des mathématiques, en général, et de la géométrie, en particulier.

A la suite de ces mémorables travaux, Auguste Comte se préoccupa de l'exécution des ouvrages qu'il considérait comme compléments nécessaires de son *Cours de philosophie positive* et dont il avait annoncé la publication à la fin de ce cours.

Cette nouvelle série de publications comportait, dans ses projets (3) :

un volume consacré à la philosophie mathématique ;

un ouvrage de philosophie positive, exposant en quatre volumes : la méthode sociologique ; la statique

---

(1) V. *Correspondance inédite d'Auguste Comte: quatrième série* (lettre du 14 Décembre 1830, au président de l'association polytechnique), les raisons pour lesquelles Auguste Comte a choisi ce sujet de cours.

(2) V. *Ibidem, in* lettre du 27 Février 1815, l'accueil fait à ce discours par les auditeurs du cours.

(3) V. *Cours de philosophie positive:* tome sixième ; pages 767 et suivantes.

sociale ; la dynamique sociale ; l'application générale et l'état normal de cette philosophie ;

un traité d'éducation positive ;

un traité systématique de l'action de l'homme sur la nature.

Auguste Comte se proposait d'exécuter, d'abord, le second de ces ouvrages, « comme étant à la fois le plus étendu et le plus décisif. »

Mais, alors, il fut le héros d'un événement romanesque, qu'on ne peut passer sous silence, quelque désir qu'on ait de négliger tous les petits côtés de l'existence de ce philosophe, parce qu'il lui a lui-même attribué une influence souveraine sur l'évolution de sa pensée, et que toutes ses œuvres ultérieures sont imprégnées de son souvenir.

Le déplorable mariage, qu'Auguste Comte avait contracté en 1825, ne cessa de produire des fruits amers, quoique moins vénéneux que ceux de 1826.

L'incompatibilité de nature entre les deux époux était radicale.

Auguste Comte — je l'ai rappelé — s'était marié sans amour, par besoin d'affection et dans l'espoir que la mésalliance, à laquelle il consentait, lui vaudrait au moins de la gratitude.

Or. Mme Comte était, dit-il, l'inverse de son sexe ; elle avait beaucoup d'esprit, un caractère impérieux et énergique ; mais elle n'avait ni vénération, ni tendresse.

De plus, l'*auri sacra fames* la tourmentait ; elle était avide d'argent et de luxe ; elle reprochait à son mari, dont le désintéressement était absolu, de ne rechercher ni les honneurs, ni la richesse.

Enfin, le mariage ne l'avait pas moralisée ; sa conduite était parfois licencieuse. A quatre époques différentes, elle quitta le domicile conjugal pour suivre ses caprices.

Trois fois, Auguste Comte pardonna ; mais, la quatrième, en août 1842, « après dix-sept ans d'intimes souffrances », il ferma la porte de sa demeure, irrévocablement, à l'incorrigible transfuge, dont « il n'a jamais reçu que du mal ». (1)

Il était, de la sorte, solitaire depuis deux ans, lorsqu'il rencontra dans une famille amie, Clotilde de Vaux, femme de lettres, de dix-sept ans plus jeune que lui, qui lui inspira, dès le premier jour, une vive sympathie, à cause de ses infortunes conjugales, plus atroces encore que les siennes, puisqu'elle était mariée à un homme que ses vices et ses malversations, comme percepteur des contributions, avaient conduit au déshonneur et aux crimes de faux et d'incendie.

Echauffée par des entrevues ultérieures, cette sympathie spontanée fit place, dans le cœur ardent d'Auguste Comte, à de l'attachement, puis à de l'amour et, fina'ement, à une passion dominatrice.

Flattée des sentiments exaltés qu'elle inspirait à un homme de génie, Clotilde de Vaux, d'abord réservée, y répondit à la longue, avec modération ; car elle n'avait que 30 ans ; Auguste Comte en avait 47. L'échange de leurs sentiments se traduisit par une volumineuse correspondance, conservée et publiée ; elle n'est pas moins honorable pour l'un que pour l'autre.

Mais la jeune femme était tuberculeuse. Quelques mois après le début de cette liaison platonique, au printemps de 1846, elle s'éteignit, épuisée.

Ce fut, pour Auguste Comte, une douleur atroce. Pendant six mois, il fut en proie à une mélancolie

(1) *Testament*, p. 16.

profonde, ne trouvant de consolations que dans le culte mystique et fervent qu'il voua, dès lors, à celle qu'il appela « sa seule épouse véritable », puis, quand le temps calma sa fièvre, « sa fille adoptive ».

Mais il ne se borna pas à adorer Clotilde de Vaux en silence, pour la satisfaction intime de son cœur ; il l'idéalisa au point qu'il imagina qu'il pensait par elle, autant qu'il pensait à elle ; il lui imputa la révélation de l'importance du rôle que le sentiment joue dans la vie individuelle et collective ; elle devint pour lui comme l'Egérie de Numa, la Béatrice de Dante, la Laure de Pétrarque, la dame invisible des chevaliers errants du Moyen-Age, la Vierge-Mère des Catholiques ; elle lui apparût enfin comme l'Incarnation de l'Humanité, et, désireux de faire partager son adoration à ses lecteurs, il lui dédia son second ouvrage philosophique, quand, en 1848, il publia l'ébauche de la Religion de l'Humanité, sous le titre : *Discours préliminaire sur l'ensemble du Positivisme*.

Clotilde de Vaux mérite-t elle vraiment d'occuper, dans l'histoire de la pensée humaine, la place qu'Auguste Comte lui a ménagée, à ses côtés ? Je ne le crois pas.

Clotilde de Vaux était, sans doute, une jeune femme charmante, délicate, distinguée. Son portrait atteste ses grâces physiques ; sa correspondance avec Auguste Comte dénote une remarquable élévation d'esprit et de cœur, accompagnée d'un rare bon sens féminin. Mais Auguste Comte l'a considérée avec les yeux d'un amoureux, et, même, selon l'expression du Dr Dumas, d'un système amoureux. Nulle part, on ne trouve la preuve que, comme le proclame Comte, elle ait effectivement, par ses conseils, ses observations, son intervention intellectuelle, déterminé l'orientation, prétendue nouvelle, de sa pensée et de ses sentiments et, dans quelque mesure, collaboré avec lui. En réalité, c'est Auguste Comte qui, subjectivement, mystiquement, a incorporé Clotilde de Vaux à ses dernières œuvres. Celle-ci n'eut qu'une part imaginaire à leur maternité.

A défaut d'elle, Auguste Comte aurait probablement fait remonter à une autre source féminine l'évolution que subit alors sa conception de la philosophie de l'histoire et de l'avenir de l'Humanité.

Il est, en effet, facile de constater que, si Clotilde de Vaux apparaît, à titre d'inspiratrice poétique, au début ou à la fin des publications d'Auguste Comte, postérieures à 1842, elle est complètement étrangère au contenu de ces publications. Ce contenu est l'amplification d'idées, déjà formulées ou implicitement émises, même dans les opuscules primitifs de philosophie sociale du maître. Comte attribue à Clotilde une révélation qu'il s'est faite à lui-même.

L'état psychique dans lequel il se trouvait alors, la détresse morale dont il avait toujours souffert, la découverte du rôle énorme que, parallèlement à l'intelligence, qu'il avait jusque là trop exclusivement considérée, le sentiment joue dans l'évolution individuelle et collective, surexcitèrent sa subjectivité ; ils le poussèrent à extérioriser, à incarner son idéal et à transformer, en roman d'amour personnel, le résultat de vingt-cinq années de méditations continues sur la philosophie de l'histoire.

Car l'évolution de la philosophie positive vers la religion de l'Humanité est un phénomène historique, à l'observation duquel Auguste Comte était naturellement conduit par les résolutions de sa jeunesse, par tous ses travaux antérieurs, par le développement de sa pensée et par les besoins du temps.

Clotilde de Vaux n'est intervenue que fortuitement et inconsciemment dans ce grand résultat et, quoi qu'en ait dit Auguste Comte, elle lui a plus nui qu'elle ne l'a servi.

Sous son influence, la dernière partie de l'œuvre d'Auguste Comte a perdu la sérénité objective de la première et le mélange irrationnel d'une aventure banale avec l'exposé doctrinal de la religion de l'Humanité, qui la caractérise, a dévoyé les esprits dépourvus d'esprit critique. Troublés par ce mélange, les uns ont considéré le Positivisme comme une nouvelle religion inspirée ou révélée ; les autre ont suspecté la légitimité de la conclusion, logique et fatale, de l'évolution générale de notre espèce.

Sans Clotilde de Vaux, la pensée d'Auguste Comte aurait suivi un cours plus impersonnel ; ses derniers ouvrages eussent été plus directement en harmonie avec les premiers, dans la forme tout au moins ; ils auraient fourni moins de prétexte à la malignité publique ; ils eussent été moins dénigrés et la Politique positive aurait peut-être bénéficié d'une fortune semblable à la Philosophie du même nom, unanimement admirée.

De toute manière, le second grand ouvrage d'Auguste Comte, *Système de Politique positive, ou Traité de Sociologie, instituant la religion de l'Humanité*, est la suite naturelle du premier.

Auguste Comte s'y prépara en substituant à son cours d'astronomie populaire, un cours philosophique sur l'histoire générale de l'Humanité, en 29 leçons, qu'il professa publiquement et gratuitement, le dimanche, pendant chacune des années 1849, 1850, 1851. (1)

____

(1) V. pour l'esprit synthétique de ce cours, lettre à M. Vieillard du 17 Janvier 1849, *in Correspondance inédite d'Auguste Comte.* Troisième série.

Emile Ollivier, qui suivit l'un de ces cours, décrit ainsi l'impression qu'il en garda :

Auguste Comte « arrivait à deux heures, en habit noir, petit, l'aspect sévère, un peu souffreteux, la tête inclinée, le front comme dilaté par la tension d'une recherche sans repos, la lèvre dominatrice, le menton obstiné, de l'ascendant dans le regard, quoique sans rayonnement. Il se plaçait devant une table, avalait une gorgée d'eau et commençait d'une voix égale, monotone, sans aucun effort pour entraîner, comme se parlant à lui-même, en des périodes longues, mais claires et précises. A cinq heures, il parlait encore et aucun auditeur n'était parti. Un jour, il s'arrêta brusquement ; ses yeux se mouillèrent de larmes. Stupéfaction, on se regarde. « Excusez mon émotion, dit il. C'est aujourd'hui que mon incomparable amie a passé de la vie objective à l'immortalité subjective. » (1)

Grâce à cette intense préparation, où sa pensée acquit une telle vigueur qu'à la séance de clôture de 1851 il parla sans interruption pendant cinq heures consécutives, les quatre gros volumes du *Système de Politique positive* d'Auguste Comte parurent régulièrement, d'année en année, à partir de 1851.

Dans sa hâte de propager ses idées sur la religion de l'Humanité, but suprême de toute l'évolution sociale, il les condensa même et les publia, en 1852, après le second volume, sous la forme d'un *Catéchisme positiviste ou Sommaire exposition de la religion universelle*, qu'il avait primitivement le projet de n'écrire qu'après l'achèvement complet du *Système de politique positive*.

Le *Catéchisme* contient toute la substance de ce *Système*, sous la forme de onze entretiens systématiques

(2) Réponse au discours de réception d'Emile Faguet, séance de l'Académie française du 18 avril 1901.

entre une femme et un prêtre de l'Humanité, autrement dit, entre Auguste Comte et Clotilde de Vaux, dont il n'avait pu faire l'instruction positiviste, et par la bouche de qui il se fait interpeller sur toutes les questions qu'il lui paraît nécessaire d'élucider pour convaincre un néophyte.

Le premier volume du *Système de Politique positive*, où se retrouve le *Discours préliminaire sur l'ensemble du Positivisme*, contient une *Introduction fondamentale à la fois scientifique et logique*.

Cette introduction n'est qu'une synthèse du *Cours de philosophie positive* dans laquelle les sciences sont coordonnées suivant leur importance subjective et réglées d'après le même principe ; il convient, en outre, de signaler que, pour la première fois, au chapitre de la philosophie biologique, est annexé un tableau systématique de l'âme ou des 18 fonctions intérieures du cerveau, à la confection duquel Auguste Comte a consacré de longues et profondes méditations, qu'il a plusieurs fois retouché, et qui résulte d'une minutieuse analyse scientifique de la nature humaine.

Le second volume concerne la *Statique sociale, ou Traité abstrait de l'ordre humain ;* le troisième, la *Dynamique sociale, ou Traité général du progrès humain (Philosophie de l'histoire).* Le quatrième trace le tableau synthétique de l'avenir humain, tel qu'Auguste Comte le concevait, et il est muni de l'appendice qui reproduit tous les opuscules primitifs de philosophie sociale d'Auguste Comte, dans le but de démontrer la parfaite unité de sa vie qui fut, selon la belle formule d'Alfred de Vigny, une pensée de la jeunesse réalisée dans l'âge mûr.

En achevant, en 1854, le *Système de Politique positive*, véritable faîte de l'impérissable monument philosophique qu'il a construit, Auguste Comte considérait cependant, comme César, qu'il n'y a rien de fait, tant qu'il reste quelque chose à faire.

Nil actum reputans, si quid superesset agendum.

Il annonçait sa résolution de publier, conformément à l'engagement qu'il avait pris, à la fin du *Cours de philosophie positive*, et qu'il venait de tenir en partie :

en 1856, le *Système de Logique positive*, ou *Traité de philosophie mathématique* ;

en 1859, le *Système de Morale positive*, ou *Traité de l'éducation universelle* ;

en 1861, le *Système d'Industrie positive*, ou *Traité de l'action totale de l'Humanité sur sa planète*.

Avant d'entreprendre l'exécution de cette dernière série d'ouvrages, Auguste Comte publia, en 1855, sous le titre *Appel aux Conservateurs*, un opuscule destiné à initier les hommes d'État de l'occident au Positivisme et à leur indiquer les devoirs qu'ils ont à remplir pour faciliter et hâter la marche des sociétés humaines vers le but que la philosophie de l'histoire leur assigne.

Puis, en Novembre 1856, il publia le premier des volumes, ci-dessus énumérés ; mais, le 5 septembre 1857, la mort le surprit, avant qu'il ait pu produire les deux autres, et le plan général de travail qu'il s'était imposé est, sous ce rapport seulement, resté inachevé.

Il faut ajouter, pour montrer l'inlassable activité philosophique d'Auguste Comte, qu'il avait, en 1848, pris l'initiative de la fondation d'une Société positiviste, composée de théoriciens et de prolétaires. Cette société se réunissait chaque semaine, à son domicile, pour l'étude en commun des plus importantes questions sociales, et il prit toujours, personnellement, une part active à cette étude, notamment en soumettant à cette société et en publiant en son nom, en 1850, un calendrier positiviste, principalement destiné à la glorification de toutes les grandes époques et de tous les grands hommes auxquels la civilisation occidentale doit son essor.

Au début de cette seconde partie de l'œuvre qui l'immortalise, plus que dans la première, même, Auguste Comte fut encore opprimé par les soucis matériels et moraux les plus graves.

Au noir chagrin que lui causait la mort de Clotilde de Vaux et qu'il se plaisait, d'ailleurs, à raviver par toutes sortes de moyens factices, se joignit une odieuse persécution, organisée par les mathématiciens dont il avait, en 1842, sévèrement qualifié la mentalité, dans la préface personnelle du vi° volume de son *Cours de philosophie positive*. L'un d'eux, l'astronome Arago, lui intenta même, devant le tribunal de commerce, un procès dans lequel Auguste Comte plaida personnellement sa cause et la gagna.

Mais, battus sur le terrain judiciaire, ses calomniateurs prirent leur revanche sur le terrain scolaire. Sournoisement, traîtreusement, successivement, ils le dépossédèrent des emplois qu'il occupait à l'école polytechnique ; ils supprimèrent ses moyens d'existence et le réduisirent au dénûment.

Ces emplois étaient soumis à une réélection annuelle. On profita de cette condition pour commettre, en 1844, une première iniquité envers Auguste Comte. On ne lui renouvela pas sa mission d'examinateur d'entrée des candidats. Cette disgrâce eut pour conséquence de le discréditer et de le faire évincer dans un autre établissement d'enseignement privé où il enseignait.

Puis, on usa clandestinement d'influence pour lui fermer les portes d'institutions analogues auxquelles il vint frapper.

Enfin, en 1851, le Conseil d'administration de l'école

polytechnique acheva la spoliation systématique dont Auguste Comte fut victime, en lui retirant le poste de répétiteur d'analyse et de mécanique rationnelle qu'il occupait, depuis dix-neuf ans, avec une irréprochable conscience et un talent admiré des élèves.

Par tous ces infâmes moyens, Auguste Comte fut réduit à un état si précaire, qu'il dut diminuer la pension trimestrielle qu'il payait régulièrement à sa femme, s'endetter envers son propriétaire, envers sa domestique, et renoncer au renouvellement de sa garde-robe.

Pour l'arracher à cette détresse, il fallut que le petit groupe de disciples qu'il avait ralliés prit, en Novembre 1848, dans l'intérêt « de la moralité publique et de la science », l'initiative d'une souscription annuelle destinée à le préserver de la misère et à lui permettre de continuer ses travaux.

Cette souscription, régulière, qui prit le nom de Subside positiviste, produisit, en 1849, 2.928 francs. En 1856, année qui précéda la mort d'Auguste Comte, elle s'élevait à 8.246 francs, émanant de 73 souscripteurs (52 français ; 15 occidentaux ; 6 anonymes de diverses nations).

Ainsi, la grande œuvre d'Auguste Comte mérite d'autant plus d'admiration qu'elle s'est constamment heurtée à des difficultés inouïes et à de lamentables obstacles ; elle n'a pu voir le jour que parce que la valeur morale de son auteur n'était pas moindre que son génie.

Pendant les dix-sept années qu'il cohabita avec sa femme, il vécut dans un enfer domestique. Souvent, il eut de tels accès de désespoir qu'il songea au suicide. Seul, dit-il, « le sentiment croissant de sa mission sociale » lui permit de surmonter les amertumes sans nombre dont il fut abreuvé.

Ces amertumes furent telles qu'il eut, par moments, la sensation que l'effroyable crise cérébrale de 1826 allait se reproduire et que, rempli d'angoisses, il se soumit au régime le plus rigoureux pour éviter une rechute.

« Cette lutte contre la folie, dit le Dr Georges Dumas (1), fait encore plus d'honneur à sa volonté qu'à son intelligence. Elle nous fait comprendre tout ce qu'il y eût de courage simple et de vraie grandeur dans l'existence intellectuelle de cet homme qui se sentait menacé, vingt ans après, par la folie de jadis, et qui n'hésita jamais cependant à risquer, dans le travail de la pensée, son merveilleux génie, pour accomplir ce qu'il appelait sa mission. »

Pauvre, ignoré, victime d'une sorte de conspiration du silence de la part de la presse, qui ne signalait jamais ses œuvres, et de l'animosité d'une petite coterie de savants spécialisés qui ne lui pardonnaient pas les jugements qu'il avait portés contre leur insuffisance philosophique, Auguste Comte ne put obtenir ni une chaire de professeur à l'école polytechnique, ni la création au Collège de France d'une chaire dans laquelle il demandait à enseigner l'histoire générale des sciences positives, ni un siège à l'Académie des Sciences, ou à l'académie des Sciences morales et politiques.

Méconnaissance à peine croyable ! Il ne trouva même pas d'éditeur consentant à prendre à sa charge l'impression de ses derniers ouvrages; il fallût que ses disciples en garantissent les frais.

Enfin, au seuil de la vieillesse, malgré ses travaux, malgré toutes les preuves de génie qu'il avait données, il ne dût qu'à une sorte de commisération publique de pouvoir continuer à vivre et à travailler.

(1) *Psychologie de deux messies positivistes, Saint-Simon et Auguste Comte*; ALCAN, édit., 1905 ; p. 159.

Cependant, il prodiguait à pleines mains, avec la plus absolue libéralité, les trésors de lumière nouvelle qu'il projetait sur le monde ; il ne faisait, en dernier lieu, aucun usage personnel du produit de la vente de ses ouvrages et le consacrait tout entier à la couverture des dépenses typographiques qu'ils exigeaient.

De plus, Auguste Comte eût un dernier mérite dont il s'est légitimement glorifié ; il a toujours fait « une part pleinement consciencieuse, et souvent beaucoup trop généreuse peut-être, à chacun de ses différents prédécesseurs, tandis que lui même n'éleva jamais la moindre réclamation contre les emprunts peu scrupuleux dont on a fréquemment honoré ses écrits, ses leçons et jusqu'à ses conversations. » (1).

Enfin il n'a jamais entretenu d'illusions sur le succès immédiat de son œuvre. Il vivait, disait-il, dans une tombe anticipée ; il n'eût que la postérité en vue et, comme Diderot, il aurait pu dire : « vraiment la postérité serait une ingrate, si elle m'oubliait, moi qui me suis tant souvenu d'elle ! »

---

(1) *Cours de Philosophie positive* ; iv ; p. 8, *note.*

II

Caractères essentiels de l'Œuvre d'Auguste Comte

1°

La Philosophie Positive

Les renseignements qui précèdent ne donnent, au fond, qu'une connaissance anecdotique de la vie d'Auguste Comte. Pour acquérir quelques clartés sérieuses sur son rôle dans l'histoire, il faut, au moins, considérer les points culminants de la doctrine élaborée par lui.

Je vais maintenant décrire cette perspective cavalière.

L'œuvre d'Auguste Comte est un des plus grands monuments de la pensée humaine.

Selon sa propre définition, sa carrière fut une combinaison de la carrière d'Aristote avec celle de Saint-Paul.

En effet, il a construit à la fois une philosophie et une religion.

Selon Auguste Comte, la philosophie est composée de trois grandes branches :

Une philosophie première, ayant pour objet l'étude des lois générales ou principes universels sur lesquels toutes les connaissances positives reposent ;

Une philosophie seconde, dégagée des lois particulières aux sciences abstraites du monde, de la vie, de l'homme et de la société, c'est-à-dire aux mathématiques, à l'astronomie, à la physique, à la chimie, à la biologie, à la sociologie et à la morale ;

Une philosophie troisième, relative aux sciences concrètes ou sciences appliquées, comprenant l'étude générale des arts correspondant à chacune des sciences abstraites.

Auguste Comte a dressé le tableau des quinze lois universelles de la philosophie première. (1) Ce tableau résulte de constatations empruntées à l'ensemble de son œuvre ; mais il n'a pas consacré d'ouvrage spécial à la démonstration de ces lois.

De même, la mort ne lui a pas permis d'exposer, comme il désirait le faire, la philosophie troisième qu'il devait aborder dans son *Système d'Industrie positive*.

Par conséquent, son œuvre réalisée concerne surtout la philosophie seconde.

Encore, dans celle-ci, n'a-t-il pas pu donner à la morale positive toute l'ampleur systématique qu'il avait conçue.

Son œuvre philosophique n'en reste pas moins immense ; sa valeur dogmatique et historique est incomparable.

Le premier caractère original et prédominant de cette œuvre, c'est une discipline, une méthode, un esprit conformes à la réalité. La philosophie positive est tout entière animée par l'esprit positif ou scientifique, c'est-à-dire par l'esprit d'observation, bien différent de celui qui dirigeait les philosophies théologique et métaphysique, où l'imagination régnait souverainement.

L'esprit positif, au contraire, voit les choses telles qu'elles sont, sans préjugés, ni théories préalables. Selon le conseil d'Aristote, il prend les faits seuls pour principes.

(1) *Système de politique positive* : V. IV ; p. 173 et ss.

Il subordonne l'imagination à l'observation, le subjectif à l'objectif, l'abstrait au concret, et s'efforce de faire, du cerveau, un miroir aussi fidèle que possible du monde extérieur.

L'observation est, en effet, la seule base solide de nos connaissances réelles qui reposent toujours sur des données vérifiables. C'est pourquoi Comte disait que « la science n'est que la systématisation du bon sens ». Car le but de la science est d'extérioriser nos conceptions, de les désindividualiser et de les rendre aussi objectives que possible, de manière qu'elles soient évidentes pour toutes les intelligences saines. Une telle méthode n'exclut pas les hypothèses.

« La science est fille de l'imagination », c'est-à-dire de théories qui guident l'observation, selon l'expression de Claude Bernard ; mais elle ne fait jamais d'hypothèses et de théories invérifiables.

En conséquence, l'esprit positif écarte, comme chimérique et stérile, la recherche des causes premières et celle des causes finales des phénomènes sur lesquelles nous ne savons rien ; il ne s'attache qu'à l'étude des lois naturelles ; et le nombre, l'exactitude, l'importance, de celles qu'il a découvertes, dans tous les domaines, sont tels qu'on peut maintenant affirmer que les phénomènes, quels qu'ils soient, sont gouvernés par de semblables lois, même lorsque nous ne les connaissons pas encore.

D'autre part, l'esprit positif proclame, comme un autre résultat de l'observation, que la soumission à ces lois est la base de tous les perfectionnements.

C'est en suivant cette méthode de recherche et cette règle de conduite que l'Humanité s'est libérée progressivement des superstitions et des erreurs de son enfance, qu'elle a reconnu que la théologie et la métaphysique n'étaient que des hypothèses provisoires, désormais inutiles, qu'elle a domestiqué les forces de la nature, bref, qu'elle a passé de l'état fictif inévitable de ses débuts à l'état positif dans lequel elle est engagée, sans possibilité de retour.

Ainsi, la philosophie positive a pour second caractère essentiel de mettre en lumière le rôle historique et les bienfaits immenses de l'esprit positif.

L'histoire de l'esprit positif est celle de tous les progrès quelconques de l'Humanité.

Cet esprit est propre à toute l'espèce humaine, puisqu'il résulte de l'exercice de nos sens et de nos facultés mentales naturelles. Pendant d'incalculables millénaires, il s'est surtout appliqué aux cas concrets et il s'est borné à recueillir des matériaux d'observation ; mais, grâce à un ensemble de conditions exceptionnelles, qui, dans l'antiquité, n'a été réalisé qu'en Grèce, il a fini par découvrir qu'il existe, entre les phénomènes, des relations constantes de succession et de similitude ; il a reconnu que les phénomènes sont régis par des lois naturelles et non par des volontés arbitraires, et il n'a cessé de se développer avec chacune des sciences auxquelles il a successivement donné naissance. Sa puissance est devenue d'autant plus souveraine que la connaissance des lois naturelles lui a permis de prévoir les phénomènes et de modifier leur action sur les hommes.

Toutes les grandes révolutions mentales subies par l'Humanité sont dues à l'esprit positif, sans excepter celles qui se sont opérées dans l'esprit fictif lui-même.

L'observation spontanée du monde et de l'homme a servi de base objective au Fétichisme primitif, puis au Fétichisme astrolâtrique. Les progrès de cette expérience élémentaire ont ensuite permis aux esprits méditatifs de spéculer, non plus sur les êtres eux-mêmes, mais sur les phénomènes dont ils sont le siège ; ils ont provoqué l'invention des Dieux et l'avènement du poly-théisme. L'esprit positif a ruiné cette croyance fictive avec les savants et les philosophes de l'ancienne Grèce, notamment avec Aristote, le plus grand d'entre eux ; il a postérieurement ruiné, d'une manière non moins irrémédiable, le monothéisme, en démontrant, au XVIe siècle, que la terre n'est pas le centre du monde et en substituant, par l'intermédiaire de Bacon, de Descartes, de Képler et de Galilée, la méthode scienti-fique, au raisonnement arbitraire purement logique, des théologiens et des métaphysiciens. Enfin, accélérant sa marche, il a définitivement pris possession de nou-veaux domaines, aux XVIIe et XVIIIe siècles. De sorte que, quand Auguste Comte parût, l'esprit positif avait déjà banni la théologie et la métaphysique, des mathé-matiques, de l'astronomie, de la physique, de la chimie ; il commençait, en outre, à les chasser de la biologie où il pénétrait, avec Gall, jusque dans la partie la plus complexe et la moins explorée de cette science, celle qui concerne les fonctions psychiques du cerveau.

Suivant une marche ascensionnelle, l'esprit positif s'est élevé, hiérarchiquement, des phénomènes les plus simples vers les plus complexes, et c'est la constatation de sa supériorité et de ses résultats, qui incita Auguste Comte à l'introduire dans l'étude des phénomènes sociaux et moraux. De cette manière, il établit sa souveraineté sur tous les objets de la connaissance.

Par suite, la philosophie ne peut désormais être séparée de l'ensemble des sciences ; elle se confond avec lui.

C'est un nouveau caractère original de la philosophie positive, dont la conséquence est que, bien que défini-tivement conçue et construite par Auguste Comte, elle ne lui est pas personnelle ; elle est l'œuvre du genre humain, et convient à l'universalité des peuples présents et futurs. Ce n'est plus une philosophie provisoire; elle ne peut pas périr, parce que, partout, et tant qu'elle vivra, l'Humanité aura besoin de connaître, aussi exactement que possible, les lois naturelles qui régissent le monde, la vie, l'homme et la société dont elle dépend.

Enfin, la philosophie positive, issue des sciences, démontre leur succession, leur hiérarchie, leur liaison nécessaires; elle explique la lenteur de l'avènement des dernières. Par ce motif, elle constitue le plan d'éducation le plus naturel, le plus conforme à l'évolution individuelle, parce que l'individu répète l'espèce et que sa brève existence est une répétition rapide de toutes les grandes phases qu'elle a mis des milliers d'ans à parcourir.

C'est pourquoi la partie la plus importante de la philosophie positive est la philosophie sociale.

2°

La Politique Positive

Auguste Comte ne s'est pas borné a démontrer que les sciences, créées avant le xixᵉ siècle et les connaissances générales qu'elles comportent, ont, d'âge en âge, posé les fondements d'une philosophie bien supérieure, en réalité, en majesté et en durée, à toutes les philosophies antécédentes. Il a, comme je l'ai dit, reconnu la nécessité d'appliquer à l'étude des sociétés l'esprit et les méthodes des sciences du monde et de la vie, dans lesquelles elles ont péremptoirement fait la preuve de leur souveraineté, en permettant de prévoir et de domestiquer les phénomènes. Il a fait plus et mieux ; il a fondé la science sociale, science nouvelle, plus complexe et plus difficile que les précédentes.

C'est même en se préoccupant de la possibilité de rendre scientifique l'étude des phénomènes sociaux qu'il a découvert le rôle profond que les autres sciences ont joué dans l'évolution progressive de l'esprit humain et compris l'importance philosophique et sociale des sciences.

En réalité, la philosophie positive ne fût qu'un long préambule destiné à convaincre ses lecteurs et à se convaincre lui-même que la création d'une science spéciale de la nature et des manifestations de la vie collective était possible, nécessaire et opportune.

Ses affirmations, à cet égard, sont multiples et catégoriques ; il a toujours considéré la Politique positive comme le but de sa vie, « comme sa principale construction » ; il l'envisageait déjà comme telle dans ses opuscules primitifs, dans toute la correspondance de sa jeunesse et lorsqu'il en commença l'édification, en 1851, il écrivit :

« La science sociale n'est pas seulement la plus importante de toutes ; elle poursuit surtout l'unique lien, à la fois logique et scientifique, que comporte désormais l'ensemble de nos contemplations réelles. L'établissement de ce grand principe constitue le résultat le plus essentiel de mon *Système de philosophie positive*. (1)

Appliquant à la sociologie une méthode empruntée à la mécanique, et qu'il avait transportée dans l'étude philosophique des sciences suivantes, Auguste Comte considère que l'étude du corps social doit, comme celle de tous les autres corps, bruts ou vivants, être divisée en deux parties, suivant qu'on l'observe à l'état de repos ou à l'état de mouvement.

Il décompose la sociologie en statique sociale, ou théorie de l'organisation des sociétés, et en dynamique sociale, ou étude du progrès des sociétés.

Méditant cette profonde observation d'Aristote, « l'homme est un animal politique », Comte établit la statique sociale sur ce premier fait qu'il n'existe, à l'origine des sociétés, ni contrat social, ni législateur, ni rien d'artificiel. Le phénomène social est un phénomène naturel, spontané, *sui generis*, ayant son siège dans un organisme qui comporte de grands appareils permanents : la famille ; la propriété ; le langage ; le pouvoir temporel, ou gouvernement ; le pouvoir spirituel, ou religion.

Toutes ces institutions sont naturelles et nécessaires.

Les sociétés sont des associations de familles, et non d'individus, parce que les familles assurent la reproduction de la race, l'initiation de l'enfant à la vie collective et la perpétuité du corps social. Ces associations élémentaires sont des sociétés en miniature.

(1) *Système de Politique positive* ; I ; p. 2.

Groupées en clans, en bourgades, puis en cités, eu provinces, en Etats, elles s'approprient, pour vivre, une portion déterminée de la planète et la défendent contre les convoitises des voisins. C'est pourquoi toute société comporte un système de propriété, qui sert de substratum à l'amour de la patrie.

Mais, pour que les membres de ces patries forment une association véritable et non un amas pulvérulent, il leur faut une langue commune, orale et esthétique, qui serve de moyen de communication, de représentation ou d'idéalisation à leurs pensées et à leurs sentiments.

D'autre part, du fait de leur association, ils ont, outre leurs intérêts particuliers, des intérêts collectifs, intérieurs ou extérieurs, auxquels des gardiens spéciaux doivent constamment veiller. Cette nécessité entraîne l'établissement d'un gouvernement, dont la fonction primordiale est de faire réagir l'ensemble sur les parties, de subordonner l'intérêt particulier à l'intérêt général, d'incarner la collectivité.

Enfin, une société, digne de ce nom, ne peut subsister sans quelque communauté d'idées et de mœurs, sans une opinion publique dominante, sans un mode de ralliement et de règlement, bref, sans une religion, institution sociale éminente, la plus étendue de toutes, qui peut envelopper non seulement toute une nation, mais plusieurs nations, et même toutes les nations.

Car les religions évoluent, comme les autres institutions humaines, et c'est en recherchant la cause de l'évolution des opinions, des croyances et des dogmes, sur lesquels toutes les religions sont édifiées, qu'Auguste Comte a découvert la loi naturelle, en vertu de laquelle « chaque entendement présente la succession de trois états, fictif, abstrait, positif, envers les conceptions quelconques, avec une vitesse proportionnée à la généralité des phénomènes correspondants ».

Toute la dynamique sociale est soumise à cette loi, énoncée et démontrée par Auguste Comte, dès 1822, dans son opuscule intitulé *Plan des travaux scientifiques nécessaires pour réorganiser la Société*, et qui, après avoir illuminé sa pensée, est devenue le flambeau de toutes ses œuvres philosophiques, politiques et religieuses.

La dynamique sociale est réellement fonction de la dynamique religieuse. Toutes les transformations, que les sociétés ont subies jusqu'ici, ont principalement été déterminées par elle. Leur physionomie porte l'empreinte de la religion.

Les hommes, en effet, vivent l'idéal qu'ils professent ; ils s'ingénient à le mettre en pratique ; ils le prennent pour objet de leur activité et pour règle de conduite. La situation actuelle de la Russie fournit un exemple irréfutable de ce fait universel et constant.

Les sociétés passées ont été successivement fétichiques, astrolâtriques, polythéiques, monothéiques, métaphysiques, c'est-à dire en harmonie avec la progression des connaissances, parce que, de même qu'il a créé les Dieux à son image, l'homme a organisé la société à l'image de ses croyances.

Ces grands changements se sont opérés avec une lenteur extrême, parce que la modification des institutions exige une modification préalable des idées et des mœurs. Le progrès, en sociologie, comme dans les autres domaines, n'émane pas d'une révolution brusque ; il n'est jamais que le développement d'un ordre de choses correspondant. Aucune réforme ne peut-être à la fois immédiate et radicale.

Toutefois, la loi des trois états ne gouverne pas, seule, toute la dynamique sociale ; celle ci est soumise à deux autres lois naturelles, qu'Auguste Comte a simultanément découvertes, et qui régissent, l'une, l'activité de l'espèce humaine, « d'abord conquérante, puis défensive et enfin industrielle », l'autre, sa sociabilité, « d'abord domestique, puis civique, et enfin universelle. »

En combinant, terme à terme, ces trois lois corrélatives, on construit toute la philosophie de l'histoire. On s'explique pourquoi les sociétés humaines ont été caractérisées : dans l'antiquité, par l'esprit fictif, l'activité offensive et la sociabilité domestique ; depuis ce temps, par l'esprit métaphysique, l'activité défensive et la sociabilité civique. Et on peut prédire que, dans les sociétés futures, l'esprit positif, l'activité industrielle et la sociabilité universelle domineront.

En effet, la dynamique sociale n'illumine pas seulement le passé ; elle montre le but du progrès ; elle permet de déterminer l'avenir et de le préparer.

En montrant que « tout régime social résulte de l'application d'un système philosophique et que tout régime nouveau suppose un nouveau système philosophique », elle trace la route que les hommes d'Etat éclairés, comme les philosophes, doivent suivre, d'un pas ferme, pour conduire leurs contemporains vers un résultat qui intéresse non seulement l'Occident, perturbé par tant de révolutions chaotiques, mais l'Humanité tout entière.

Car l'étude de la dynamique sociale impose encore une notion capitale, qu'Auguste Comte a mise en vive lumière, la notion de solidarité, d'association des nations, dans le temps et dans l'espace, celle d'unité du genre humain, en un mot l'idée synthétique d'Humanité à la lueur de laquelle l'égoïsme national apparaît comme aussi perturbateur que l'égoïsme individuel.

D'un point de vue élevé, il n'y a pas d'histoire nationale ; l'histoire universelle est seule réelle.

Entrevue dans l'antiquité romaine par les stoïciens, popularisée, à la manière théologique, par le catholicisme, reprise plus tard par des philosophes de génie, tels que Pascal, Leibnitz, Kant et Condorcet, cette notion a été définitivement scrutée et élaborée par Auguste Comte, dans le *Catéchisme positiviste* et dans le dernier volume de *la Politique positive*. Les constatations de faits, sur lesquels elle s'appuie, l'ont conduit à conclure que « l'homme devient de plus en plus religieux ».

Cette conclusion de la dynamique sociale est corroborée par le développement prodigieux que prennent, chaque jour, l'interpénétration et l'interdépendance des sociétés, avec les multiples institutions internationales existantes et avec le commencement d'organisation pratique d'une Société des nations, issue d'une guerre qui a révélé, aux moins clairvoyants, l'universelle solidarité des peuples.

3°

La Morale Positive

La sociologie n'est pas le dernier domaine qu'Auguste Comte ait incorporé à l'empire de l'esprit positif qu'il jugeait capable de régner sur l'ensemble de la vie humaine ; il annexa encore la morale à cet empire.

La morale positive a son point de départ dans ce fait que l'homme vit plongé dans un milieu social dont il ne peut être séparé que fictivement.

De même que nos mères nous fournissent, par l'intermédiaire du placenta d'abord, par celui de l'allaitement ensuite, tous les matériaux constitutifs de notre être corporel, de même le milieu social nous fournit, par l'intermédiaire de la Famille, de la Patrie, de l'Humanité, tous les éléments qui composent notre être intellectuel, social et moral, et, durant toute notre existence, notre vie spirituelle est alimentée et entretenue par lui, comme notre vie physique l'est, par le milieu atmosphérique.

D'autre part, sauf les fainéants, les parasites et les malfaiteurs, tous les êtres humains travaillent, d'une manière quelconque, pour les autres, c'est-à-dire pour la Famille, la Patrie, l'Humanité.

Notre vie sociale et morale est donc soumise à un déterminisme indépendant de nous, non moins fatal que le déterminisme cosmologique et biologique, et la morale peut être érigée en science positive parce qu'elle est gouvernée par une loi naturelle qui lui est propre. Auguste Comte énonçait cette loi en ces termes :

« L'homme vit par et pour des êtres collectifs, la Famille, la Patrie, l'Humanité ».

Prématurément frappé par la mort, il n'a pu développer cet important sujet auquel il attachait tant d'importance qu'on a pu dire qu'il avait la passion de la
morale ; il comportait, dans sa pensée, deux parties, la
première instituant la connaissance de la nature
humaine, la seconde, son perfectionnement.

Il a laissé le plan de cet ouvrage, et les aperçus lumi-
neux qu'il a répandus sur ce sujet, dans tous ses autres
livres, constituent d'abondants et précieux matériaux
pour l'érection de la morale en science positive.

Auguste Comte lui donne d'abord comme assise une
théorie des fonctions du cerveau, profonde et admirable
analyse de la nature humaine. Décomposant cette dernière en cœur, esprit, caractère, et montrant qu'elle est
spontanément disposée à aimer, penser, agir, il recon-
naît que « le cœur inspire, l'intelligence éclaire, le
caractère exécute », et qu'il faut « agir par affection et
penser pour agir. »

Puis, subordonnant tout au point de vue social,
Auguste Comte a, dans *la Philosophie positive*, dans *la
Politique positive*, dans le *Catéchisme positiviste*, déduit, de
la loi morale générale ci-dessus indiquée et vérifiée par
l'observation journalière, un grand nombre de consé-
quences qui sont autant de règles morales positives.

Il professait, par exemple :

que le perfectionnement de la nature humaine con-
siste dans la subordination de l'égoïsme à l'altruisme ;

qu'il faut vivre au grand jour et vivre pour autrui ;

que la famille est la meilleure école d'éducation
morale ;

que la paternité est un devoir social comme le
mariage ;

que l'homme doit nourrir la femme ;

qu'il n'y a pas de fonctions privées ;

que la richesse est sociale dans sa source et doit l'être aussi dans son emploi ;

que la fonction de l'art est d'idéaliser pour améliorer ;

que la politique doit être subordonnée à la morale ;

que la destination réelle de la vie humaine est de connaître, aimer, servir la Famille, la Patrie, l'Humanité ;

que l'homme s'agite et l'Humanité le mène.

En résumé, la morale peut être érigée en science d'observation. Toutes les prescriptions qu'elle comporte dérivent, naturellement, impérativement, de la vie sociale de l'homme.

4°

L'éducation Positive
La Religion de l'Humanité

Mais la morale n'est pas seulement une science théorique. C'est, en même temps, une science appliquée. C'est un art, l'art d'élever l'homme.

La morale positive comporte donc un système d'éducation, conforme à la loi qui la régit, et dont l'objet est d'enseigner aux hommes à « connaître, aimer, servir la Famille, la Patrie, l'Humanité ».

Auguste Comte a donné, à ce système, le nom de religion de l'Humanité. Cette conception n'implique aucune contradiction avec la nature scientifique de toutes ses autres œuvres ; elle n'est pas le signe d'une déviation de l'esprit positif qui l'a toujours guidé. Il convient seulement de la purger de quelques dispositions mystiques provenant de son amour pour Clotilde de Vaux, et de quelques fantaisies prophétiques que l'orgueil du couronnement de son œuvre lui inspira.

Objectivement considérée, la religion est le règlement et le ralliement des hommes. C'est un fait social permanent, une institution sociale universelle, due à la nature des hommes et aux conditions de leur existence collective. Cette institution n'a cessé d'évoluer ; elle n'est nullement inhérente à la théologie, avec laquelle les esprits superficiels ont, ordinairement, le tort de la confondre ; elle peut et doit devenir positive, au même titre, pour les mêmes raisons et par les mêmes moyens que la philosophie, la politique et la morale. Pour obtenir ce résultat il faut faire pénétrer l'esprit positif dans ce domaine, comme dans tous les autres,

fonder la religion, comme les sciences, sur l'observation des réalités, sur l'expérience, et convaincre le
public qu'il est possible de constituer, une religion
démontrée, ni révélée, ni inspirée. Ainsi conçue, la
synthèse de toutes les opinions, maintenant acquises
sur le monde, la vie, l'homme et la société, mérite,
non seulement le nom de religion, consacré par l'usage,
mais celui de religion de l'Humanité, parce qu'au terme
de leur course spéculative, la philosophie, la politique
et la morale positive aboutissent toutes inévitablement
à cette constatation que les vivants sont, toujours et
de plus en plus, gouvernés par les morts, que les
hommes sont, partout et toujours, enveloppés par
l'Humanité, et qu'ils vivent par elle et pour elle, qu'ils
en aient ou non conscience.

En réalité, la religion de l'Humanité est la religion
universelle à laquelle les hommes n'ont cessé d'aspirer,
depuis que leur esprit s'est élevé à la contemplation
générale des choses, et que le Bouddhisme, le Judaïsme,
le Christianisme, l'Islamisme, ont vainement tenté de
réaliser, puisqu'en dépit de leurs efforts séculaires ils
sont demeurés des religions locales et temporaires.

Au contraire, une opinion commune universelle, une
véritable religion, s'est successivement établie, quoique
sous des formes partielles, en mathématiques, en astronomie, en physique, en chimie, en biologie. Déjà, la
science remplit un office religieux. Lorsque le même
mode de ralliement s'étendra jusqu'à la sociologie et à
la morale, — ce qui fatalement se produira, tôt ou
tard — la religion de l'Humanité s'instituera et la fra-
ternité universelle pourra régner sur la terre.

Mais, pour atteindre ce but, la religion de l'Humanité devra, comme toutes les autres religions, agir
constamment sur l'esprit, le cœur et les actes du public,
au moyen d'un dogme, d'un culte et d'un régime.

Le dogme de la religion de l'Humanité, c'est la philosophie positive qui apprend à connaître l'Humanité, notre véritable et unique providence.

Son culte, c'est celui de tous les grands hommes qui, à des titres divers, en quelque lieu et à quelque époque que ce soit, ont contribué à son avènement, à sa constitution, à ses progrès, vénérables ancêtres dont Auguste Comte a rassemblé les noms dans un calendrier qui résume toute la philosophie de l'histoire. Ou bien, ce culte peut avoir pour objet la glorification des éléments sociaux permanents qui composent l'Humanité. Sous l'une ou l'autre de ces formes, le culte, positivement envisagé, a pour but d'apprendre à aimer l'Humanité et d'entretenir et développer le sentiment social.

Quant au régime de la religion de l'Humanité, c'est la pratique du devoir social qu'Auguste Comte propose d'enseigner et de rappeler aux divers âges de la vie, dans des cérémonies publiques consacrées à l'appréciation philosophique des devoirs correspondant à la première et à la seconde enfance, à l'adolescence, à la jeunesse, à la virilité, à la maturité et à la retraite. Ces consécrations apprendraient à servir l'Humanité.

En définitive, la religion de l'Humanité se résume dans ces trois symboles dénués de tout caractère mystique :

Sociologie — Sociolâtrie — Sociocratie.

Sous ce triple aspect, la Religion de l'Humanité donne, mieux que toutes ses devancières, satisfaction au besoin d'idéal qui est au fond de tout cœur humain et sans lequel les âmes les plus énergiques s'inclineraient souvent, désespérées, sous le poids des tribulations, des tristesses et des dégoûts que la vie n'épargne à personne.

III

L'influence d'Auguste Comte

Le Positivisme, dont je viens d'esquisser les grands traits, n'est pas une chose morte, reléguée dans l'histoire de la philosophie. C'est une doctrine actuelle de plus en plus vivante.

Certes, le Positivisme eût peu de rayonnement du temps d'Auguste Comte. Il ne pouvait guère avoir, à ce moment, d'autre sort, puisqu'il était en voie d'élaboration et qu'à la mort de son fondateur il n'était pas achevé.

Il reçut cependant alors l'adhésion, au moins partielle, d'écrivains illustres qui le signalèrent à l'attention publique. Tels furent Littré, en France, et, en Angleterre, John Stuart Mill, Lewes, et miss Henriet Martineau qui condensa la philosophie positive en deux volumes qu'Auguste Comte, en personne, conseillait de lire de préférence aux six volumes de son *Cours de Philosophie positive.*

Mais l'influence d'Auguste Comte s'est surtout développée après sa mort, et, depuis 1857 jusqu'à ce jour, le Positivisme a vu surgir une grande variété de disciples.

Un petit nombre d'orthodoxes, « qu'aucune absurdité n'effraie », selon l'expression de Stuart Mill, ont, comme je l'ai signalé plus haut, transformé la religion de l'Humanité en religion révélée ; ils considérent Auguste Comte comme un homme infaillible et ses écrits, surtout les derniers, comme une Bible intangible, digne d'une suprématie perpétuelle. L'excès de sentimentalité que l'auteur y témoigne, envers Clotilde de Vaux, a encore été exagéré par eux ; ils l'ont poussé jusqu'à l'aberration.

D'autres, au contraire, ont répudié complètement la religion de l'Humanité et le *Système de Politique positive*, comme étant en désaccord avec *la Philosophie positive* qui retient, seule, leur respect. Sous cette forme circonscrite, Auguste Comte sert aujourd'hui de maître à une multitude d'esprits.

Entre ces deux partis extrêmes se placent les disciples, aux yeux de qui Clotilde de Vaux n'est qu'un facteur historique négligeable et qui, émancipés du préjugé anti religieux autant que du préjugé théologique, considèrent la religion de l'Humanité comme la conclusion logique de la Philosophie et de la Politique positives, et s'efforcent de la ramener et de la maintenir, comme tous les autres aspects de la doctrine, sur le terrain des réalités universelles et permanentes, dans la voie de l'évolution mentale et sociale dont Auguste Comte a découvert les lois.

A la tête de ceux ci figure Pierre Laffitte, le plus illustre et le plus actif des organes que le Positivisme ait eus jusqu'ici et qui non seulement l'a propagé, par la parole et par la plume, pendant quarante années, avec une infatigable ardeur, et un talent magistral, mais qui, encore, en a complété la construction en exécutant les œuvres dont Auguste Comte n'avait laissé que les plans : la Philosophie première ; la Morale positive ; la Philosophie troisième.

L'avenir fera connaître quels sont, parmi ces trois sortes d'interprètes, aujourd'hui répandus dans les pays les plus divers, ceux qui ont le mieux compris le vrai génie d'Auguste Comte et continué son action.

Son influence, au surplus, ne s'est pas seulement exercée parmi les philosophes, les idéalistes, les savants et les érudits ; elle est manifeste chez un grand nombre d'hommes d'Etat qui ont puissamment pesé sur les destinées de leurs pays respectifs.

Tels sont :

En France, Gambetta, Jules Ferry et vingt autres hommes politiques moins importants ;

En Portugal, Theophilo Braga, le premier président de la République en ce pays ;

En Turquie, Mid'hat Pacha et Ahmed-Riza, « le grand honnête homme », protagoniste de la révolution Turque ;

Au Mexique, le Dr Gabino Barreda, collaborateur de Juarez, fondateur et premier directeur de l'école préparatoire de Mexico, organisée conformément au plan d'éducation positive tracé par Auguste Comte dans son *Cours de philosophie positive* ;

Au Brésil, Benjamin Constant de Magalhaês, le père spirituel et temporel de la république brésilienne.

Mais la politique ne peut efficacement répandre le positivisme ; il ne peut obtenir, par ce procédé, que des succès éphémères par ce qu'avant de régénérer les institutions, il faut régénérer les idées et les mœurs. Or cette tâche incombe aux philosophes, aux moralistes, aux éducateurs, beaucoup plus qu'aux hommes d'Etat.

La fonction des hommes d'Etat est d'agir sur le présent, de résoudre des problèmes immédiats, de veiller au maintien de l'ordre matériel ; celle des philosophes positivistes, en particulier, est de rétablir l'ordre moral, de lier le passé à l'avenir, et de se préoccuper surtout de ce dernier, sans se laisser décourager par les insuccès et par la lenteur des résultats.

L'essentiel pour eux est de se soustraire aux charmes des sirènes de l'imagination et de s'assurer qu'ils ne s'éloignent pas de la voie progressive et sacrée de l'esprit positif, dans laquelle l'Humanité a toujours marché pour conquérir plus de clarté, plus de qualités, de puissance et de bonheur. Pour cela, ils ne doivent pas se borner à relire Auguste Comte et à réciter, pieu-

sement, comme des litanies, ses formules et ses ouvrages ; il faut, à tout instant, qu'ils extériorisent leurs
opinions, qu'ils les confrontent avec les réalités, qu'ils
les soumettent à la pierre de touche de l'observation,
de l'expérience et du bon sens ; en un mot, ils doivent
évoluer avec le temps dans lequel ils vivent, en consi-
dérant que le Positivisme doit toujours être en avant,
jamais en arrière, de ce temps.

La gloire d'Auguste Comte n'a rien à perdre à ce
perfectionnement continu de ses doctrines.

Du moins, c'est selon cette méthode que nous, apôtres
du Positivisme synthétique, affranchis de toute servi-
tude littérale et de tout verbalisme, nous faisons efforts
pour que l'amour éclairé de l'Humanité remplace, dans
le cœur des peuples, celui des Dieux disparus.

RIOM (PUY-DE-DÔME)
IMPRIMERIE TYPOGRAPHIQUE F. FONDRAID
G. MAILLARD, SUCC^r

OUVRAGES POSITIVISTES
du même Auteur

PRIX

Appréciation générale du Positivisme............	0 fr. 60
La Philosophie positive......................	0 fr. 60
Les Devoirs naturels de l'homme...............	0 fr. 60
La Morale sociale..........................	0 fr. 60
La Morale primitive........................	0 fr. 60
La Morale politique	1 fr. »»
L'Unification du genre humain.................	1 fr. 50
Le Mariage...............................	0 fr. 75
La Paternité..............................	0 fr. 75
Le Sentiment filial........................	0 fr. 30
La Fraternité.............................	0 fr. 30
La Domesticité............................	0 fr. 30
La Patrie.................................	1 fr. »»
Gambetta ..,,............................	1 fr. »»
Hommage aux Héros de la Défense nationale	0 fr. 50
L'Humanité	1 fr. »»
Le Rôle civilisateur du Sentiment...........	0 fr. 50
Le Rôle social des Morts....................	0 fr. 75
Le Culte public de l'Humanité.................	0 fr. 25
Le Culte des Héros.........................	0 fr. 75
Le Rôle social des Animaux	0 fr. 30
La Fête du Feu............................	1 fr. »»
La Troisième République.....................	0 fr. 75
Lamarck et son Œuvre.......................	0 fr. 75
Le développement de la Solidarité pendant la Guerre	1 fr. 50
La Maladie occidentale......................	1 fr. »»
Les Enseignements philosophiques de la Guerre	1 fr. 50
Le Pouvoir Spirituel........................	3 fr. »»
L'Évolution du Culte et de la Fête des Morts.......	1 fr. »»
La Naissance du Génie d'Auguste Comte (ii)........	1 fr. »»
L'Ère de la Sociabilité universelle...............	1 fr. 50
La Religion...............................	3 fr. »»
Hommage général aux Morts de 1914 1918.......	1 fr. 50
La Naissance du Génie d'Auguste Comte (iii).. ...	1 fr. 50
Le Rôle Social des Vieillards.................	1 fr. 50

En vente au siège de la Société Positiviste
Rue de Seine, 54, Paris